NOUVELLE ÉDITION

DE

L'ÉCOLE PRIMAIRE

OU

A B C

MUSICAL

A DEUX ET TROIS VOIX

A L'USAGE DES CLASSES ÉLÉMENTAIRES

DÉDIÉ A SON AMI

CHARLES GOUNOD

MEMBRE DE LA LÉGION D'HONNEUR ET DIRECTEUR DE L'ORPHÉON

PAR

A. PANSERON

PROFESSEUR DE CHANT AU CONSERVATOIRE DE MUSIQUE DE PARIS,
Chevalier de la Légion d'honneur,
de l'ordre de la Couronne-de-Chêne de S. M. le Roi des Pays-Bas,
et de l'ordre de l'Aigle-Rouge de S. M. le Roi de Prusse.

Prix net : 2 fr. 50 c.
Grande Édition avec accompagnement de piano : 25 fr.

PARIS

CHEZ L'AUTEUR QUAI MALAQUAIS, N° 24

CHEZ TOUS LES MARCHANDS DE MUSIQUE
ET CHEZ HACHETTE ET Cⁱᵉ, LIBRAIRES, BOULEVARD SAINT-GERMAIN, 79.

NOUVELLE ÉDITION

DE

L'ÉCOLE PRIMAIRE

OU

A B C

MUSICAL

A DEUX ET TROIS VOIX

A L'USAGE DES CLASSES ÉLÉMENTAIRES

DÉDIÉ A SON AMI

CHARLES GOUNOD

MEMBRE DE LA LÉGION D'HONNEUR ET DIRECTEUR DE L'ORPHÉON

PAR

A. PANSERON

PROFESSEUR DE CHANT AU CONSERVATOIRE DE MUSIQUE DE PARIS,
Chevalier de la Légion d'honneur,
de l'ordre de la Couronne-de-Chêne de S. M. le Roi des Pays-Bas,
et de l'ordre de l'Aigle-Rouge de S. M. le Roi de Prusse.

Prix net : 2 fr. 50 c.

Grande Édition avec accompagnement de piano : 25 fr.

PARIS

CHEZ L'AUTEUR QUAI MALAQUAIS. N° 21

CHEZ TOUS LES MARCHANDS DE MUSIQUE

ET CHEZ HACHETTE ET C⁴, LIBRAIRES, BOULEVARD SAINT-GERMAIN, 79.

PRÉFACE

Destinant ce *Solfège* aux classes de jeunes enfants, j'ai dû
le renfermer dans le diapason le plus restreint, c'est-à-dire ne
passant pas le *mi aigu*, afin que les enfants qui n'ont que peu
de voix, puissent le chanter sans danger de se fatiguer.

Ne perdant pas de vue le but que je me propose, celui d'écrire
pour de jeunes enfants, je procède par le genre diatonique, et
j'ai eu soin que les premières leçons ne continssent, pour la
deuxième partie, que des rondes, blanches, noires ou croches,
évitant des valeurs plus difficiles à lire, dont on trouvera plus
tard l'étude dans mon *Solfège à deux voix*, mon *Solfège concer-
tant* et mon *Solfège d'ensemble*. Cependant, quoique facile, ce
petit ouvrage, pour être étudié avec fruit, devra être précédé de
la lecture de mon *A B C*, nécessaire au complet, pour les élèves
qui chanteront la première partie, et la moitié, au moins, sera
indispensable à ceux qui devront solfier la deuxième partie, afin
qu'ils puissent trouver facilement le nom de la note et son into-
nation; comme aussi pour savoir les principes contenus dans
l'*A B C*, et que je ne répète pas ici.

Ce volume contient 74 numéros très faciles, à deux voix, et
16 morceaux à trois voix.

A partir du n° 30, on pourra commencer à chanter à trois voix,
la deuxième partie et surtout la troisième étant très faciles,
n'ayant que des intervalles diatoniques.

Cet ouvrage est composé pour être chanté, sans accompagnement. Je conseille cependant aux professeurs de prendre la grande
édition, afin de se servir de l'accompagnement.

Ce mode d'enseignement est excellent, car on peut soutenir les
voix; le diapason, dans ce cas, ne baissant pas, il est plus facile de chanter juste.

Ce Solfège sera utile pour les couvents et les pensionnats
de jeunes personnes, et même pour les classes des jeunes gar-
çons.

RAPPORT DE L'INSTITUT

MINISTÈRE D'ÉTAT.—SECTION DES BEAUX-ARTS

INSTITUT IMPÉRIAL DE FRANCE

ACADÉMIE DES BEAUX-ARTS

Le Secrétaire perpétuel de l'Académie certifie que ce qui suit est extrait du procès-verbal de la séance du samedi 21 mai 1859.

Au nombre déjà considérable d'ouvrages destinés à l'enseignement élémentaire, M. Panseron vient d'ajouter un Solfége s'adressant exclusivement aux enfants dont la voix n'est pas formée.

Dans ce Solfége a deux et trois voix, les leçons devaient se borner nécessairement à un diapason restreint et ne dépassant pas le *Mi aigu*.

Il ne fallait pas moins que l'expérience, le goût et la plume habile de l'auteur pour remplir heureusement un programme aussi difficile, à cause de sa simplicité même.

En conséquence la Section de Musique propose à l'Académie d'approuver ce nouvel ouvrage de Monsieur Panseron.

Le Secrétaire perpétuel,

HALÉVY.

RAPPORT DU CONSERVATOIRE IMPÉRIAL DE MUSIQUE ET DE DÉCLAMATION

Paris, le 7 Juin 1859.

Le comité des études musicales, après avoir examiné le nouveau Solfége que M. Panseron vient d'ajouter à ses nombreuses productions du même genre, a reconnu que cet ouvrage pouvait rendre un véritable service aux jeunes élèves dont la voix n'a pas encore atteint toute son étendue. En conséquence le Comité l'approuve et l'adopte pour l'usage des classes élémentaires du Conservatoire.

AUBER, *directeur.*

ÉDOUARD MONNAIS, *commissaire impérial.*

AMBROISE THOMAS, CARAFA, MEYERBEER, HALÉVY, PRUNIER père, CH. DANCLA, GEORGES KASTNER, GALLAY, G. VOGT.

DE BEAUCHESNE, *secrétaire.*

PETIT SOLFÈGE

(1) Les virgules indiquent les respirations.

Moderato. Métr. 76 = ♩
N° 5.
1°
2°
Moderato. Métr. 76 = ♩
N° 6.
1°
2°

(1) Chantez piano.

Moderato. Métr. 76 = ♩
N° 9.
1°
2°
P
P
Moderato. Métr. 76 = ♩
N° 10.
1°
2°
P
P

Ton de SOL MAJEUR.
Moderato. Métr. 76 =
N° 11.
P
P
Ton de FA MAJEUR.
Moderato. Metron. 76 =
N° 12.
P
P

Ton de LA mineur.
Moderato. Métr. 76 =
N° 13.
1°
2°
P
Ton de MI mineur.
Moderato. Métr. 76 =
N° 14.
1°
2°
P

Ton d'Ut majeur.
Moderato. Métr. 76 = ♩.
N° 15.
1°
2°
Moderato. Métr. 76 = ♩.
N° 16.
1°
2°

Moderato. Métr. ♩76 = ♩.
N° 17.
1°
2°
P
P
Moderato. Métr. ♩76 = ♩.
N° 18.
1°
2°
P
P

N° 19.

EXERCICE EN SECONDES.
Moderato. Métr. 76 =
1º
N.º 20.
P
P
2º
EXERCICE
EN TIERCES. Allegretto. Métr. 92 =
1º
N.º 21.
P
P
2º

EXERCICE EN OCTAVES.
Allegretto. Métr. 92 =
N° 22.
EXERCICE EN QUINTES.
Moderato. Métr. 76 =
N° 23.

Exercice en Sixtes.
Moderato. Métr. 76 = ♩.
N° 24.
1ª
P
2°
P
Exercices en Septièmes.
Moderato. Metr. 76 = ♩.
N° 25.
1ª
P
2°
P

EXERCICE EN OCTAVES.
Moderato. Métr. 76 = ♩.
N° 26.
1°
2°
EXERCICE EN OCTAVES.
Moderato. Métr. 76 = ♩.
N° 27.
1°
2°

Moderato, Métr., 76 = ♩.
N° 28.
1ᵉ
2ᵉ
p
p
p

Moderato. Mètr. 104 = ♩
N.º 29.

Moderato. Métr., 108 = ♩.
N° 50.
1ª
2ª
P

(1) Respirez à chaque silence.

DE LA SYNCOPE.

DE LA NOIRE POINTÉE ET DE LA SYNCOPE.

Andante. Métr. 100 = ♩.
N° 34.
1re
2e
P Legato.
P

Pour la mesure à 3/4, voyez l'A B C.
Moderato. Métr. 104 = ♩
N° 35.
P Legato.
1°
2°

(1) Respirations à volonté

Moderato. Mètr. , 84 = ♩.
1°
N° 37.
2°

GAMME EN *RÉ* MINEUR.

Moderato. Métr. 84 = ♩.

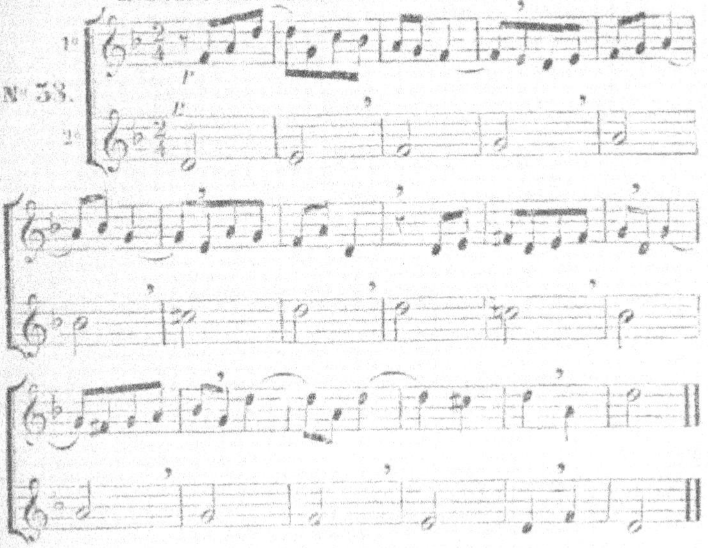

N° 38.

GAMME EN *RÉ* MAJEUR.

Moderato. Métr. 108 = ♩

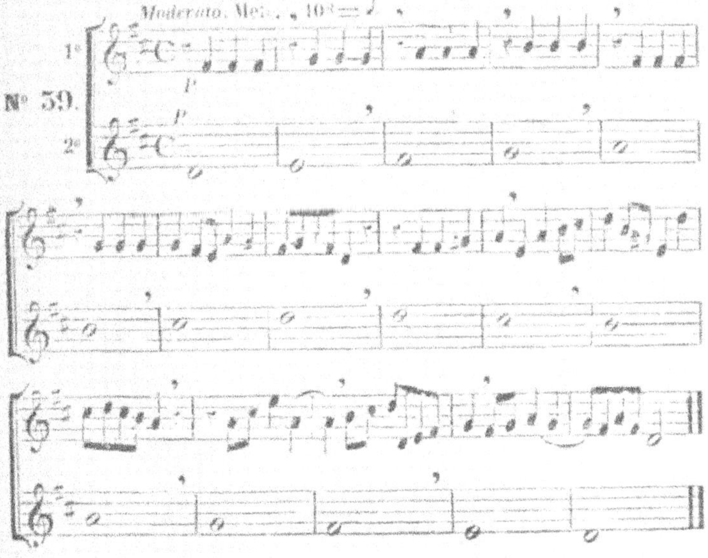

N° 39.

Andante. Metr. 100 = ♩.
N° 40.
1°
2°
P
Legato.
rall.
rall.

SOL MINEUR RELATIF DE SI ♭ MAJEUR.
Moderato. Mét. 108 = ♩.
N° 41.
1°
2°

SI MINEUR RELATIF DE RE MAJEUR.

GAMME EN *SI* ♭ MAJEUR.

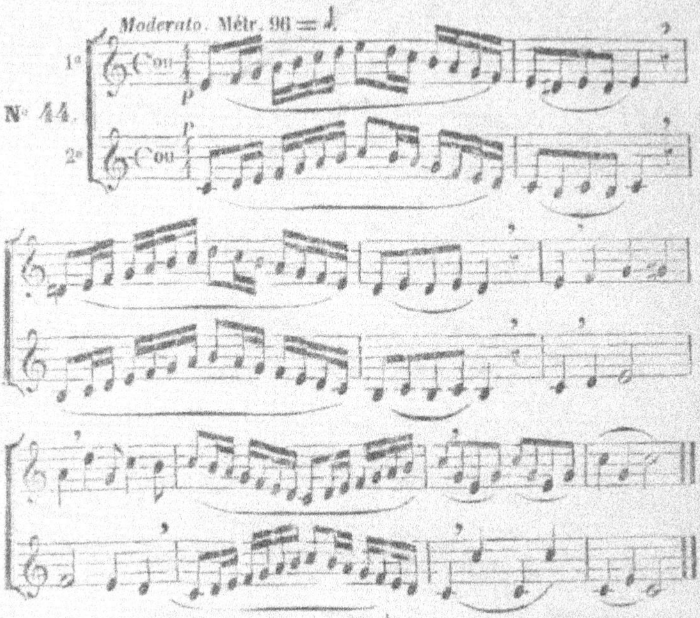

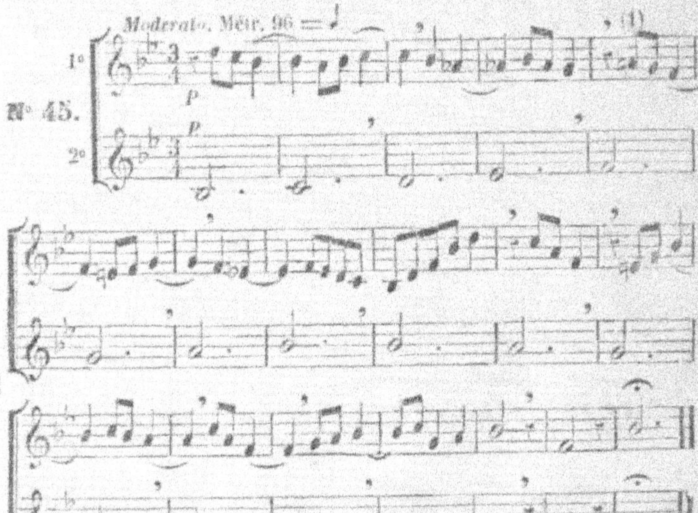

(1) Respirez aux soupirs.

Moderato. Métr. 100 = ♩.
N° 46.
mf
mf
mf
mf

Moderato. Mêtr. ♩ 92 = ♩
N° 47.
P
P

Allegretto, Métr. 104 = ♩
N° 48.
1°
2°

Allegretto. Métr. 92 =
49.
1°
2°
P
P

Andante quasi allegretto.
Metr. 92 = ♩.
1°
N° 50.
2°
mf
mf

Allegretto, Métr. 100 = ♩.
1°
N° 51.
2°
P
P

Andante grazioso. Métr. 132 =
N° 52.
P
Legatissimo.
1ª
2ª
P

Allegretto, Metr. 101 = ♩.
N° 55.
1°
2°
P
P
P
P
P

Tempo di valse. Métr. 168 = ♪
N° 54.
p
P
mf

CANON A L'UNISSON.

DU TRIOLET.

N° 56.

DES CROCHES POINTÉES.

Allegretto. Métr. 60 = ♩.
N° 58.
P
P

Moderato. Métr. 116 = ♩
1°
N° 39.
p
p
2°

Andante. Métr. 88 = ♩.
Nᵒ 60.
1ᵉ
2ᵉ
P Legato.
P
P
mf
mf
mf

Allegretto, Métr. 96 = ♩.
1°
N° 61.
2°

DU DEMI-SOUPIR ET DU QUART DE SOUPIR (𝄾 𝄾).

Moderato. Métr. 80 = ♩ (1)

N° 62

(1) Respirez aux silences.

Pour la mesure à $\frac{9}{8}$, voyez l'A B C.

Moderato. Mêtr. 104 = ♩.
N° 64.
P

Fin.
mf
mf
Da capo al segno

Allegretto. Méte. 112 =
N° 65.
1º
2º
P
P
Leggiero.

Allegretto. Métr. 100 =
N° 66.
1°
2°
P
P Leggiero.

Andantino. Métr. 120 = ♪
N° 67.
1°
2°
P
P
mf
mf

Allegretto. Métr. 176 = ♪
1°
N° 68.
p
Leggiero.
2°

Moderato. Métr. 72 = ♩.
N° 69.
1°
2°
P.
P.
Pour la mesure à 12/8, voyez l'A B C.

CERBETTA.
Moderato. Metr. 81 = ♩
N° 70.

(1) Les virgules indiquent les respirations.

N° 72.
Andante grazioso Métr. 92 = ♩.
mf
mf
rall.
PP
rall.
PP

F
F
P
FIN.
FIN.
7e COUPLET.
mf
mf
rall.
rall.
P
P

Allegretto. Métr. 96 = ♩.
1º
Nº 75.
2º
P
cresc.
cresc.
mf
mf

cresc.
cresc.

N° 74.
1ª
2ª
Andante grave. Metr. 84 = ♩.

rall

SOLFÉGE A TROIS VOIX ÉGALES

SANS ACCOMPAGNEMENT

(1) Chantez toujours piano pour bien entendre

Moderato. Métr. 104 = ♩.
N° 77.
Moderato. Métr. 80 = ♩.
N° 78.

Moderato. Métr. 84 = ♩.
N° 79.

Moderato. Métr. 104 = ♩.
1ᵉ
Legatissimo.
Nᵒ 80. 2ᵉ
p
3ᵉ
p

Moderato, Métr. 84 = ♩
1ᵃ
N.ᵒ 81. 2ᵒ
3ᵒ

Andante. Métr. 112 = ♩

N° 82.

Andantino Mètr. 100 = ♪.
Nº 85.
1º
2º
3º
p
p
p
mf
mf
mf
P
P

Andantino. Métr. 116 = ♩.
N° 84.
1°
2°
3°
P
P

Andante, Métr. 80 = ♩.
N° 85.

Canon à 3 voix égales.

Allegretto. Métr. 100 = ♩.
N° 87.
1°
2°
3°

Andante grazioso. Mètr. 92 = 1/8.
1°
N° 88. 2°
3°
P

Allegro non troppo. Métr. 96 = ♩.
Nᵒ 89.
1ᵒ
2ᵒ
3ᵒ
mf
mf
mf

cresc.
cresc.
cresc.
cresc.
cresc.
cresc.
FF
FF
FF

Andante. Métr. 60 = ♩
Legato
N° 90.

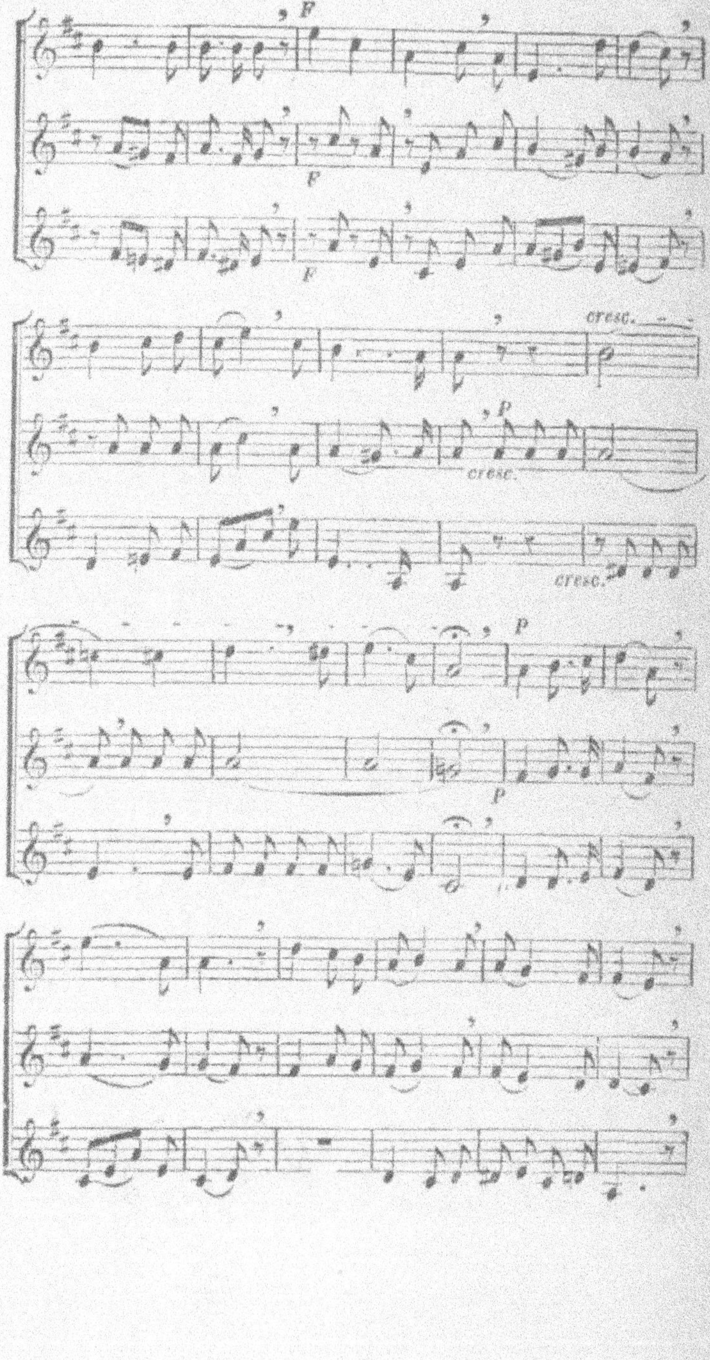
F
F
F
cresc.
cresc.
P
cresc.
P
P

FIN DE L'ÉCOLE PRIMAIRE.

PARIS. — IMP. C. MARPON ET E. FLAMMARION, RUE RACINE, 26.

www.ingramcontent.com/pod-product-compliance
Ingram Content Group UK Ltd.
Pitfield, Milton Keynes, MK11 3LW, UK
UKHW022041170726
13837UKWH00002B/718